Paroles

—o de o—

Bon Sens

(DEUXIÈME SÉRIE)

CONDITIONS DE VENTE

Prix de l'exemplaire : **10** *centimes franco*

Les 10 exemplaires : **90** *centimes*

Les 20 : **1** *fr.* **60**. — *Les 50 :* **4** *fr.* — *Les 100 :* **6** *fr.* **50**

(Franco)

ADRESSER LES COMMANDES

à la maison ABERLEN et Cie à VALS (Ardèche)

Paroles

—o de o—

Bon Sens

(DEUXIÈME SÉRIE)

CONDITIONS DE VENTE :

Prix de l'exemplaire : **10** centimes franco

Les 10 exemplaires : **90** centimes

Les 20 : **1** fr. **60**. — Les 50 : **4** fr. — Les 100 : **6** fr. **50**

(Franco)

ADRESSER LES COMMANDES :

à la maison ABERLEN & Cⁱᵉ à VALS (Ardèche)

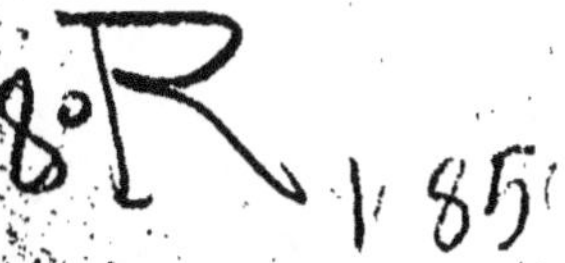

AVANT-PROPOS

L'affichage antialcoolique a cause gagnée devant l'opinion.

Dans une première brochure, intitulée *Pour la Patrie* (et dont le stock n'est pas épuisé) j'avais reproduit les textes des **14** premiers placards. La présente collection comprend **15** reproductions de nos affiches.

Leur valeur philosophique ou littéraire est faible, mais leur valeur scientifique ou sociale est forte. Le but est atteint, quand elles arrêtent les yeux du passant sur cette formule : *Guerre à l'alcool !*

Le Touring-Club multiplie les écriteaux protecteurs à toutes les descentes périlleuses. Que ne pouvons-nous installer, au-dessus de chaque débit, à l'ouverture béante, l'avertissement banal et nécessaire : *Tournant dangereux !*

En attendant, utilisons le mur. Pour une cause qui est celle de l'hygiène, de la prospérité, de la moralité publique, nous devrions pouvoir afficher gratuitement, c'est-à-dire sans payer l'impôt du timbre. Si notre propagande était ainsi facilitée, le Trésor n'y perdrait rien, au contraire ; il économiserait des milliers de francs, car les frais de répression et d'hospitalisation, imposés par les alcooliques, diminueraient dans une proportion appréciable.

Prospectus. — Je rappelle que nos affiches sont trimestrielles, et qu'elles sont reproduites, chaque fois, sur papier de couleur, format prospectus, pour la distribution (1 franc le cent). Chaque Société de Tempérance peut obtenir de notre imprimeur (Aberlen à Vals, Ardèche) qu'il indique, au bas des prospectus qu'elle commande, le jour et l'heure des réunions antialcooliques dans une localité donnée.

Affiches illustrées. — Comme affiches illustrées, je signale (33, rue des Saints-Pères, Paris).

1° Le placard, violent et macabre : *L'absinthe, c'est la mort !* (0 fr. 40 l'exemplaire. — 0 fr. 35 pour 10 exemplaires et au-dessus. — 0 fr. 30 pour 20 exemplaires et au-dessus. Toujours franco. — Pour l'affichage : timbre de 0 fr. 18. — Dimensions : 0 m. 34 × 1 m. 10).

2° Le placard : *L'alcool tue* (0 fr. 50 sur papier ordinaire, et 0 fr. 65 sur papier fort. — Emballage et port en plus, sauf pour grandes quantités. — Dimensions : 1 m. 20 × 1 m. 60). Il s'agit là d'un véritable tableau, représentant la mort d'un buveur à l'hôpital, et signé d'un artiste bien connu, Eugène Burnand.

Ceux qui voudraient se faire une idée de cette composition saisissante, peuvent se procurer (à la même adresse) une reproduction en petit, soit sur papier ordinaire (0 fr. 10) soit sur papier fort (0 fr. 15). — Dimensions : 0 m. 16 × 0 m. 24.

propagande antialcoolique en est encore à ses débuts; les grandes batailles à livrer sont devant nous. Il serait insensé de faiblir dans la lutte, au moment où l'on essaye la réhabilitation scientifique de l'alcool, au moment où la *Revue des Deux mondes* publie cette courageuse et sinistre confession : « L'alcool est intangible. C'est la liqueur sacrée. Le pays, la masse de la nation, les députés, le gouvernement, lui forment une garde du corps. Ni les uns, ni les autres, n'ont l'exact sentiment de l'existence et du caractère pressant du péril alcoolique. Ils n'ont aucune intention de sacrifier le plus petit profit commercial, fiscal ou électoral, pour en diminuer les ravages. La méconnaissance des intérêts supérieurs de la race et de l'humanité n'a jamais été poussée plus loin » (1).

Nous plaçons ces fortes paroles sur la conscience de nos compatriotes.

Wilfred MONOD
9, rue Lafosse, Rouen.

1er octobre 1903

Adresses utiles. — *Société française de tempérance de la Croix-Bleue* : 33, rue des Saints-Pères, Paris (protestante). — *Union française anti-alcoolique* : 5, rue de Latran, Paris (Neutre). — *Fédération française de la Croix-Blanche* : 19, boulevard Raspail, Paris (catholique). — *Ligue nationale de tempérance* : 18, rue de la Cerisaie, Paris.

Avis aux lecteurs de ces pages :

Pour tous renseignements sur le péril alcoolique s'adresser :

....

....

....

(A remplir par le distributeur de la brochure)

(1) Dastre. — 1er juin, 1903.

(4)

LISEZ !

L'explosion de la Banque ottomane

L'assassinat des souverains serbes

Le bombardement de Figuig

La catastrophe du navire « Le Liban »

La meurtrière course Paris-Madrid

Les massacres de Juifs en Russie

Les atrocités turques en Macédoine

Tous ces drames
sont peu de chose auprès des drames journaliers
de l'**ALCOOLISME**

Citoyens !

Chaque Français qui consomme de l'*absinthe* ou
de l'*eau-de-vie,* travaille

à la *ruine matérielle*
à la *déchéance morale* } *de la France.*
à la *décadence politique*

Le vrai patriote est ABSTINENT

?

QUE BOIRE EN ÉTÉ

CLASSIFICATION DES BOISSONS

1° Boisson nécessaire : l'EAU

L'EAU constituant les deux tiers de notre organisme, c'est de l'EAU qu'il faut restituer au sang, et *non des produits chimiques*.

On ne purifie pas l'EAU en y ajoutant du rhum, mais en la *stérilisant* par l'ébullition ou la filtration.

L'Eau est à la base de diverses boissons rafraîchissantes qu'on peut classer ainsi :

1. Boissons CAFÉIQUES (*café, thé, maté, cacao, kola...*)
2.   —   ACIDULES (*limonades, orangeades, eaux de Seltz...*)
3.   —   SUCRÉES (*sirops de fruits...*)
4.   —   AROMATIQUES (*infusions de menthe, fleurs d'oranger...*)

2° Boissons facultatives, tantôt utiles, tantôt nuisibles

VIN, BIÈRE, CIDRE (boissons fermentées).

3° BOISSONS NOCIVES, toujours dangereuses :

Laudanum, eau-de-vie, arsenic, absinthe, éther, vermouth, acide prussique, cognac, vitriol, bitter, chloroforme, genièvre, etc., etc.

Les boissons *distillées* ne sont pas de véritables *boissons*.

Ce sont des denrées pharmaceutiques, des POISONS qui mènent à la paralysie, à l'épilepsie, à la folie.

BOIRE DE CES PRÉTENDUS... BOISSONS, C'EST

GROTESQUE, PERILLEUX, IMMORAL!

Avec 1000 Fr. comptant

BEAU CAFÉ-COMPTOIR

ENTOURÉ DE NOMBREUSES USINES

VÉRITABLE OCCASION

Ouvriers ! lisez et retenez.

Cette annonce a paru dans un journal français. Un café, sans usine à proximité — c'est *une affaire ordinaire*. Mais un café, avec usine aux environs — c'est *une magnifique affaire*.

C'est la toile d'araignée postée sur le passage des mouches.

OUVRIERS !

vos yeux ne s'ouvrent-ils pas ?

Un beau café-comptoir, entouré de nombreuses usines, c'est pour vous

Une véritable occasion
de **BOIRE**
de vous **ENDETTER**
de vous **AFFAIBLIR**
d'**ENLEVER LE PAIN** à vos enfants
de **MOURIR** prématurément

Pour d'autres, c'est une véritable occasion de vous soustraire l'argent nécessaire pour acheter une maison à la campagne.

A quand la

 GRÈVE GÉNÉRALE

des buveurs d'alcool ?

UN
NOUVEAU SUPPLICE

Condamnation à... l'Absinthe!

En 1866, l'absinthe était déjà danger public.

Un journal de l'époque publiait ces lignes bien actuelles :

« Je comprends *que l'absinthe soit traquée* à l'instar des bêtes les plus fauves.

Si l'absinthe est reconnue comme un *toxique mortel*, on agit imprudemment en l'autorisant chez les liquoristes.

Si je demandais dans un établissement public *un petit verre de belladone*, il y a tout à parier qu'on me le refuserait.

Puisque *l'absinthe est d'autant plus dangereuse* que les palais usés s'y habituent plus volontiers qu'à la belladone, pourquoi ne reléguerait-on pas *ce corrosif* dans les flacons des pharmaciens ?

Si on craint d'attenter à notre libre arbitre en nous défendant l'usage de cette *boisson desorganisante et délétère,* on pourrait nous garantir à l'aide de moyens moins radicaux.

Le législateur inscrirait l'absinthe dans le Code parmi les peines afflictives et infamantes ; *au lieu d'être condamné à 5 ans de travaux forcés, un malfaiteur le serait à 50 litres d'absinthe.* Et peut-être en le voyant marcher sur la tête dans les rues, et gambader avec des gestes d'épileptique, ceux qui considèrent cette intoxication comme un plaisir, finiraient-ils par reconnaître que c'est

LE PLUS ODIEUX DES SUPPLICES. »

A L'HOPITAL

**23 Médecins
14 Hôpitaux
4.744 Malades** } **UN SCANDALE!**

---

23 médecins ont entrepris **une enquête**, dans 14 hôpitaux de Paris, sur la part qui revient à l'alcoolisme dans les maladies qu'ils ont à traiter.

Les conclusions de ces savants sont les suivantes :

1° Sur 4.744 malades, **le tiers présentait les signes de l'empoisonnement** alcoolique par le vin, l'eau-de-vie, les liqueurs, les apéritifs.

2° L'absinthe est **la grande coupable**. Elle devient la boisson nationale. L'usage quotidien et généralisé de l'absinthe suffit à expliquer *la nervosité de l'opinion publique* en France.

3° La phtisie **tue 150.000 Français par an**. Or, sur *100 phtisiques*, dans les hôpitaux, il y a *88 alcooliques*. « La phtisie se prend sur le zinc. »

4° Maux d'*estomac*, maladies de l'*intestin*, affections du *foie*, *paralysie générale*, **voilà les crimes de l'alcool**. Sur *8 cancéreux* hospitalisés, *6 alcooliques*. Beaucoup de *cirrhoses du foie* et de *néphrites* : deux fois plus qu'il y a 20 ans.

5° Et *les dépenses de l'***ASSISTANCE PUBLIQUE** *ont doublé*.

Cette marée montante de l'alcoolisme,

Voilà le Scandale, Voilà le Péril!

Lecteur, es-tu l'allié de l'ennemi?

Oui, si tu fais usage, même « modéré, » des boissons fortes.

AUX MÉNAGÈRES

I. Bien *nourrir* les siens, c'est leur fournir les moyens de **réparer** véritablement les tissus de leurs corps.

II. On appelle SUBSTANCE AZOTÉE celle qui entretient, précisément, la vitalité, et qui fait la valeur alimentaire de la **VIANDE**, des **ŒUFS**, du **PAIN**, des **LÉGUMES**, du **LAITAGE**.

III. Un travailleur actif, et de poids moyen, a besoin de trouver *journellement* dans ses aliments *160 à 165 grammes* de « substance azotée. »

IV. En conséquence, un travailleur qui se nourrirait *d'un seul aliment* devrait consommer, chaque jour :

        ou 500 gram. de **FROMAGE SEC**
        ou 625 gram. de **VIANDE** cuite désossée
        ou 1 kil. 000 de **FROMAGE MOU**
        ou 1 kil. 340 d' **ŒUFS** (2 douzaines)
        ou 2 kil. 320 de **PAIN BLANC**
        ou 3 lit. 800 de **LAIT**
        ou 6 kil. 500 de **RIZ CUIT**
        ou 9 kil. 000 de **POMMES de TERRE**

V. Donc, ce n'est point par gourmandise, mais par sagesse, qu'il faut ajouter des œufs et du fromage au pain et aux pommes de terre.

Mais le moyen?
Économiser sur les boissons fortes

VI. En effet, les boissons fortes font les santés faibles. Elles ne nourrissent jamais, car voici la quantité de substance azotée comprise (en moyenne) dans cent grammes des liquides ci-dessous désignés :

LAIT DE CHÈVRE	4,50
LAIT DE VACHE	4,30
CAFÉ AU LAIT (moitié lait)	2,60
BOUILLON DE BŒUF	1,30
CAFÉ (infusé dans 9 fois son poids d'eau)	0,90
BIÈRE FORTE	0,40
VIN	0,10
EAU-DE-VIE	**NÉANT**

VII. La ménagère qui achète de l'eau-de-vie pour sa famille, fait un commerce de dupe. Elle achète du NÉANT avec l'argent qui aurait acheté un ALIMENT. Pis encore : non seulement elle ne nourrit pas les siens, mais elle les EMPOISONNE. Est-ce *raisonnable, juste, maternel?*

Non!

PRIMES *A TOUT CONSOMMATEUR*

1º **AU BUVEUR D'APÉRITIFS** — une entrée gratuite à l'asile de fous, avec un bon pour camisole de force.

2º **A L'AMATEUR DE VERMOUTH OU DE GENIÈVRE** — une maladie de cœur, une dégénérescence graisseuse du foie, ou un ulcère à l'estomac.

3º **AU FIDÈLE DE L'ABSINTHE** -- une crise d'épilepsie par mois.

4º **A CELUI QUI TUE RÉGULIÈREMENT LE VER** — un séjour annuel à l'hôpital.

5º **A CELUI QUI PAYE DES TOURNÉES** — un billet de logement pour la prison.

6º **AU DÉGUSTATEUR PERSÉVÉRANT** — le vrai, l'unique « Delirium tremens ! »

7º **AU PILIER D'ESTAMINET** — l'avilissement, la misère, ou le suicide, au choix.

AVIS IMPORTANT. — Les primes sont garanties par l'Académie de médecine.

RECETTE !

Avalez, chaque jour, un bon apéritif,

Lapez un peu de rhum, trois « gouttes » d'eau-de-vie,

Chargez votre estomac d'un vermonth, puis, naïf,

Ouvrez le boursicaut, payez votre folie...

On n'a rien inventé de plus expéditif,

L'ami ! pour vous meuer, hurlant, à l'agonie.

ATTENTION !

On est prié de remarquer le raisonnement suivant :
Quand

UN CHIEN ENRAGÉ EST SIGNALÉ

chacun est sur le qui-vive.
Mais les bons citoyens ont beau démontrer

LE PÉRIL ALCOOLIQUE

tous continuent à boire l'apéritif et l'eau-de-mort.

Des milliers de nourrissons périssent victimes de l'intempérance des adultes..... nul n'y prend garde !

Trois enfants sont mordus

par un animal enragé... et le pays est en révolution !

ON PROMET
UNE PRIME DE 100 FRANCS
A QUI ABATTRA LA BÊTE

Mais on se moque des vaillants qui luttent contre le monstre alcool.
Piètre clairvoyance et triste logique !

POURQUOI ON BOIT

Le premier boit parce qu'il est JOYEUX
　　Le second boit parce qu'il est TRISTE

Le premier boit parce que le temps est HUMIDE
　　Le second boit parce que le temps est SEC

Le premier boit parce qu'il a beaucoup d'OUVRAGE
　　Le second boit parce qu'il CHOME

Le premier boit parce qu'un vieil ami vient d'ARRIVER
　　Le second boit parce qu'un vieil ami vient de PARTIR

Le premier boit parce qu'il fait FROID
　　Le second boit parce qu'il fait CHAUD

Le premier boit parce qu'il est en COMPAGNIE
　　Le second boit parce qu'il est SEUL

Le premier boit pour se tenir ÉVEILLÉ
　　Le second boit pour s'ENDORMIR

Le premier boit parce que c'est jour de NOCE
　　Le second boit parce que c'est jour d'ENTERREMENT

ETC.　　　　　　　　　　　　　　　　　ETC.
　　ETC.　　　　　　　　　　　　ETC.
　　　　ETC.　　　　　　　ETC.
　　　　　　ETC.　　ETC.
　　　　　　ETC.

EXPOSITION

UNIVERSELLE

des méfaits de l'Alcool

VISIBLE A TOUTE HEURE

MÊME LA NUIT

dans les Hôpitaux, Prisons, Bagnes, Asiles d'aliénés

C'EST GRATIS !

Tous les jours, Grand défilé

de veuves d'ivrognes au Mont de Piété
d'enfants de buveurs à l'Assistance publique — de corps
d'alcooliques au cimetière

On trouve des Bons

à l'abrutissement, à la misère et à la mort

à tous les Coins de rue

dans les Débits, Cafés, Bars, Dégustations, Estaminets,
Cabarets, Assommoirs, Buvettes, Cantines, etc.

QU'ON SE LE DISE !

D'où vient l'Alcool?

Citoyens !

Vous avez la patience illimitée.

Depuis longtemps, l'Europe admire la mansuétude avec laquelle

au lieu de museler nos chiens

nous nous laissons inoculer le virus rabique par les mâchoires des

BÊTES ENRAGÉES

Désormais, le monde célèbrera notre benoite résignation à

l'empoisonnement organisé.

CITOYENS ! On vient d'ouvrir une usine où l'on traite (révérence parler)

LES VIDANGES

On en retire d'abord LA POUDRETTE, excellent engrais. Puis, le liquide résiduel, chimiquement préparé, donne des EAUX-DE-VIE, des EAUX VULNÉRAIRES, RHUM, TAFIAS, etc.

La source est la même, les étiquettes diffèrent. Dorénavant, quand vous boirez LA GOUTTE, vous risquez d'avaler.....

POUAH !

CITOYENS ! votre patience ira-t-elle jusque là?

MEMENTO!

Les boissons FORTES font les santés FAIBLES.
L'apéritif n'OUVRE pas l'appétit, il le FERME.
L'alcool n'est pas BOISSON, mais POISON.
« Le PETIT SOU », breuvage des GRANDS SOTS.
« La VERTE » est NOIRE comme la peste, et BLANCHE
   comme la mort.
Les alcools NATURELS vont contre la NATURE.
L'Alcool A BOIRE, c'est de l'alcool A BRULER.
Boire SANS SOIF mène à boire CENT FOIS.
La TUBERCULOSE se prend sur le ZINC.
L'ivrogne est une BRUTE, l'alcoolique est un BRUTAL.
Le VERRE du débit attire le VER du tombeau.
Bois et PAYE! Bois et SOUFFRE! Bois et DISPARAIS!
L'eau-de-VIE, c'est l'eau-de-MORT.
L'eau PURE, c'est l'eau de JOUVENCE.
Le vrai PATRIOTE, c'est l'ABSTINENT.

Laisser pénétrer l'alcool chez soi — le tolérer sur la table de famille — l'offrir à ses hôtes — en boire une petite gorgée quand l'occasion se présente, c'est crier :

VIVE L'ALCOOLISME!

GRATIS

8 conseils pour rien

L'absinthe EST UN POISON N'EN BUVEZ PAS !	**L'ABSINTHE** rend épileptique, fou, criminel Abstenez-vous en !
LES BITTERS et LES VERMOUTHS abrègent la vie **RENONCEZ-Y**	**Les apéritifs** RUINENT LA SANTE *N'y touchez plus !*
L'ALCOOL même le plus pur est dangereux N'EN PRENEZ PLUS !	**L'eau-de-vie** c'est l'eau de mort N'y goûtez pas !
LE PETIT VERRE brûle l'estomac Passez-vous en !	**LA BUVETTE, LE DÉBIT** mènent à l'hôpital, à l'asile, à la prison, au cimetière **N'y allez plus !**

Le Verdict des Savants sur l'Alcool

M. BERTHELOT, membre de l'Académie des Sciences et de l'Académie de Médecine :

« *L'alcool n'est pas un aliment* bien que ce soit un combustible... Atwater lui-même n'a pas conclu de ses expériences que l'alcool fût un véritable aliment, c'est-à-dire qu'il fût capable de s'incorporer à l'organisme. »

Le docteur CHARLES RICHET, de l'Académie de Médecine :

« Si l'on pouvait *supprimer complètement les boissons alcooliques*, on aurait peut-être supprimé une parcelle de l'alimentation, mais on aurait rendu un *immense service à l'humanité*. »

M. METCHNIKOFF, chef de service à l'Institut Pasteur :

« Je suis persuadé, quant à moi, que *L'ALCOOL EST UN POISON*. »

Le docteur LANCEREAUX, de l'Académie de Médecine :

« *L'alcool est dangereux*, non seulement par les *accidents* qu'il détermine sur le système nerveux, mais surtout par la *dénutrition* qu'il produit dans un organisme qui s'y livre avec excès. »

Le docteur HÉRICOURT, directeur de la « *Revue scientifique* : »

« *L'alcool*, même à la dose que quelques-uns veulent qualifier d'hygiénique, peut parfaitement être *cause de mort* en diminuant la résistance de l'organisme aux maladies infectieuses. »

L'essai de réhabilitation de l'alcool, qui a été tenté récemment, ne s'appuyait que sur les expériences de laboratoire de l'américain Atwater. — Or, Atwater dit :

L'usage modéré de l'alcool est rempli de dangers. L'alcool ne saurait être appelé un aliment au sens propre du mot. Le résultat net de son usage est un dommage, et non pas un bien.

(*Temperance Record*, 23 nov. 1900 : Professor Atwater's conclusions).

M. ROUX, de l'Académie de Médecine, sous-directeur de l'Institut Pasteur :

« Il faut continuer la *lutte contre l'alcoolisme*. »

Le docteur MAGNAN, de l'Académie de Médecine, médecin en chef de l'asile d'aliénés de Sainte-Anne :

« A mon avis, *l'alcool ne serait, en aucun cas, un aliment recommandable*. Il pousse dans nos asiles de la Seine presque la moitié des pensionnaires. »

Le docteur WEISS, ingénieur des Ponts et Chaussées, professeur agrégé à la Faculté de Médecine :

« *LA VÉRITÉ, LA VOICI* : Il n'y a pas un fait bien observé qui nous montre qu'il soit utile d'introduire l'alcool dans l'alimentation ; bien des personnes, souvent sans s'en douter, *souffrent pour en avoir fait usage, je n'en connais pas une seule qui ait à regretter de s'en être privée*. »

Le docteur LEGRAIN, médecin en chef des asiles de Ville-Evrard :

« Il est scientifique de proclamer que l'alcool est un *perpétuel danger*, que l'alcool — quoique aliment chimique — est *parfaitement inutile*, et qu'il est sage de s'en passer. »

Le docteur GARNIER, médecin en chef de l'Infirmerie spéciale du Dépôt :

« *L'alcool aliment* alimente le crime et la folie ; le premier est tributaire de cette substance pour 70 0/0 environ, le second pour 33 0/0.

L'alcool aliment ! alors même que cette formule serait chimiquement exacte, elle ne sera *jamais socialement vraie*. L'individu qui boit, passe à la dose toxique d'une manière insidieuse, surtout s'il est *illusionné par ce mirage : l'alcool aliment !* »

(Extraits de *La Revue* du 15 février 1903, et d'autres publications.)

Citoyens ! On vous dit : « Notre alcool est un aliment ». Nous, nous faisons appel à VOTRE BON SENS, les pièces du procès sont entre vos mains.

JUGEZ LE COUPABLE ! CONDAMNEZ-LE ! PROSCRIVEZ-LE ! SUPPRIMEZ-LE !

A BAS L'ALCOOL !

PLACARDS ANTI-ALCOOLIQUES

Format colombier (83 centimètres × 62). Timbre de 0 fr. 18 c.

TARIF DE VENTE

A L'INTÉRIEUR DE LA FRANCE

Une affiche isolée : timbrée, 0 fr. 55 ; non timbrée, 0 fr. 30.

Nombre d'affiches par trimestre	ABONNEMENT PAR AN	
	Affiches timbrées	Affiches non timbrées
1	1 fr. 95	1 fr. 20
2	3 40	2 40
3	4 95	3 50
4	6 55	4 60
5	8 10	5 70
6	9 65	6 65
7	11 15	7 75
8	12 70	9 10
9	14 10	9 85
10	16 50	10 70
15	23 »»	15 80
20	30 40	20 80
25	37 70	25 70
30	44 80	30 40
35	51 80	35 »»
40	59 70	40 50
45	66 40	43 80
50	72 »»	48 »»

N. B. — Les affiches paraissent en *janvier, avril, juillet, octobre.* Les abonnements individuels partent de l'un de ces quatre termes, et expirent dans le quatrième trimestre qui suit la demande — c'est-à-dire à la réception de la quatrième affiche.

Les commandes faites en octobre, novembre, décembre seront servies en *janvier ;* celles de janvier, février, mars en *avril,* et ainsi de suite.

Pour s'abonner, il suffit d'envoyer cette feuille, sous bande timbrée à 1 centime, à l'adresse suivante (en soulignant le nombre et le prix des affiches que l'on désire) :

MM. ABERLEN & Cie, imprimeurs, VALS (Ardèche).

Nom : ....

Adresse : ....

Témoignages de la presse

La muraille antialcoolique. — Les débitants commencent à s'insurger contre l'affiche apposée sur les murs de Paris, affiche qui, sous la triple signature du préfet de la Seine, du directeur et du secrétaire de l'Assistance publique, dit quelques mots bien sentis à l'adresse des spiritueux multicolores que la morale réprouve, que la police tolère, et que l'habitude encourage..... Mais cette affiche n'est pas la seule. Il en est d'autres, moins connues et plus originales. L'originalité ne se peut trouver que chez les propagandistes. La foi suggère des trouvailles d'ingéniosité. (*Le Petit Bleu.* — 10 février 1903).

Suivait la reproduction de 10 de nos placards.

Pour la patrie. — Ces affiches, rédigées à l'emporte-pièce, dans un style à la Napoléon 1er, ont des mots décisifs; chaque phrase porte, et l'effet est saisissant.

Une campagne d'affiches. — Les affiches sont brèves, en phrases vives, colorées — ou spirituelles, plaisantes — ou indignées, enflammées, suppliantes; elles sont toujours vigoureuses, impressives; elles laissent dans l'âme l'obsession de quelque mot, de quelque chiffre, de quelque idée... Les affiches antialcooliques, pour faire leur œuvre, n'ont pas besoin d'être égales en nombre aux affiches alcooliques. Encore faut-il que leur rareté même ne dise pas trop la parcimonie des tempérants. Il faudrait beaucoup d'argent pour lancer la réclame de la vérité et de la vie, parmi ce tapage de réclames pour le mensonge et pour la mort.

www.ingramcontent.com/pod-product-compliance
Lightning Source LLC
Chambersburg PA
CBHW051413060726

47596CB00005B/2196